루미곰의
노르웨이어 여행회화, 단어

꿈그린 어학연구소

루미곰의 노르웨이어 여행회화, 단어

발 행 2020년 06월 02일
저 자 꿈그린 어학연구소
일러스트 Nuri Chloe Kwon
펴낸곳 꿈그린
E-mail kumgrin@gmail.com

ISBN 979-11-966734-6-8

루미곰의 노르웨이어
여행회화 ·단어

꿈그린 어학 연구소

머 리 말

이 책은 노르웨이 체류 시 필요한 단어와 회화를 상황 별로 정리한 노르웨이어(보크몰) 기초 여행 회화, 단어장입니다.

비록 노르웨이가 영어가 잘 통하는 나라가 할지라도, 해외를 여행하면서 외국어로 몇 마디 현지인과 대화를 나누는 것만큼 뜻 깊은 경험도 없을 것입니다.

노르웨이어는 영어를 비롯한 유럽어와 비슷하므로 간단한 의사 표현과 중요 단어를 숙지할 수 있다면 어려움 없이 노르웨이인들과 기초적인 의사소통을 할 수 있을 것입니다.

특히 이 책은 필수 여행 회화부터 기타 생활 속 표현을 중심으로 약 천여 개의 중요 문장 표현과 단어를 테마 별로 정리하는데 중점을 두었습니다. 문법적인 설명은 노르웨이어 기초 문법, 회화 책인 '루미곰의 기초 노르웨이어'를 참조하시기 바랍니다.

이 책을 통하여 많은 노르웨이 여행자들이 쉽게 노르웨이어를 익히고 노르웨이 여행에 재미를 더할 수 있기를 바랍니다.

2020 년 05 월
꿈그린 어학연구소

차 례

머리말 --- 4

차례 --- 5

기억할 기본 표현 --- 9

1. 인사 --- 11

2. 안부 --- 15

3. 자기소개 -- 19
   - 사람 관련 단어

4. 사과 --- 25

5. 감사 --- 29

6. 부탁 --- 33

7. 날짜, 시간 -- 37

- 계절, 날, 숫자 관련 단어

8. 출신 --- 45
  - 주요 나라, 언어 관련 단어

9. 언어 -- 49

10. 의견 --- 53

11. 전화 --- 59
  - 전자기기 관련 단어

12. 환전, 우편 -- 65
  - 금융, 우편 관련 단어

13. 날씨 --- 71
  - 날씨 관련 단어

14. 교통 --- 77
  - 방위, 교통 관련 단어

15. 관광 --- 85

- 장소, 관광 관련 단어

16. 공항 -- 93
- 공항 관련 단어

17. 쇼핑 -- 103
- 쇼핑, 패션, 색 관련 단어

18. 숙박 -- 113
- 숙박, 집, 사물 관련 단어

19. 식당 -- 123
- 식당, 식품 관련 단어

20. 병원 -- 133
- 신체 관련 단어

21. 긴급 -- 139

부록: 문자와 발음 -------------------------------- 143

기억할 기본 표현

예.
Ja.
야

아니요.
Nei.
나이

~하고 싶어요. / ~를 원해요.
Jeg vil... / Jeg vil gjerne ha ...
야이 빌 / 야이 빌 야너 하

~가 있으세요?
Har du ...?
하 두

~가 필요해요.

Jeg trenger...

야이 트렝게

~해도 될까요?

Kan jeg...?

칸 야이

~할 수 있으세요?

Kan du...?

칸 두

~를 아세요?

Vet du...?

벳 두

몰라요.

Jeg vet ikke.

야이 벳 이케

01 인사

안녕하세요

Hei!

01 인 사

안녕하세요.

Halo!

하로

안녕!

Hei!

하이

안녕하세요. (아침 인사)

God morgen!

고 모은

안녕하세요. (낮 인사)

God dag!

고 다

안녕하세요. (저녁 인사)

God kveld!

고   크볼

안녕하세요. (밤 인사)

좋은 밤 되세요. (밤 인사)

God natt!

고   낫

안녕! (헤어질 때)

Ha det!

하 뎃

안녕히!

Farvel! / Ha det bra!

파벨   하 뎃 브라

다음에 봐요.

Vi sees!

비 세스

잘 자요.

Sov godt!

소브 곳

생일 축하합니다.

Gratulerer med dagen!

그라투레러 메 다겐

즐거운 성탄절 되세요.

God Jul!

고 율

새해 복 많이 받으세요.

Godt nytt år!

곳 뉫 오

02 안부

잘 지내요?

Hvordan har du det?

안 부

오래간만 입니다.

Lenge siden sist!

랭게 시덴 시슷

잘 지내요?

Hvordan har du det?

보단 하 두 뎃

어떻게 지내세요?

Hvordan går det? / Hvordan står det til?

보단 고 데 보단 스토 뎃 틸

잘 지내요.

Jeg har det bra.

야이 하 데 브라

좋아요, 고마워요.

Bare bra, takk.

바레 브라 탁

당신은요?

Og du?

오 두

당신은 어떠세요?

Hva med deg?

바 메 다이

나쁘지 않아요.

Ikke så verst.

이케 소 바쉬

아주 좋지는 않아요.

Ikke så bra.

이케 소 브라

그런 말을 듣게 되어 유감입니다.

Jeg beklager å høre det.

야이 베크레거 오 회레 뎃

03 자기소개

저는 ~ 입니다.

Jeg heter...

자기소개

처음 뵙겠습니다.

Hyggelig å møte deg!

휘그레게 오 뫼테 다이

만나서 반갑습니다.

Jeg er glad for å møte deg.

야이 에 글라드 포 오 뫼테 다이

당신의 이름은 무엇입니까?

Hva heter du?

바 헷테 두

제 이름은 ~ 입니다.

Jeg heter...

야이 헷테

직업이 무엇인가요?

Hva jobber du med?

바 욥바 두 메

저는 ~ 입니다.

Jeg er...

야이 에

몇 살 이세요?

Hvor gammel er du?

후 감멜 에 두

~살 입니다.

Jeg er ... år gammel.

야이 에   오 감멜

기혼 / 미혼 이신가요?

Er du gift / singel?

에 두 기프트 신엘

저는 미혼/ 기혼입니다.

Jeg er singel / gift.

야이 에 신엘 기프트

인칭대명사

나	jeg	우리	vi
당신	du (De)	당신들	dere (De)
그/ 그녀	han / hun	그들	de

*De 는 공손한 표현

의문사

누가?	hvem	무엇을?	hva
언제?	når	어떻게?	hvordan
어디서?	hvor	왜?	hvorfor

사람 관련

사람	person	이웃	nabo
남자	mann	아들	sønn
여자	kvinne	딸	datter
소녀	jente	남편	ektemann
소년	gutt	아내	kone
쌍둥이	tvilling	부부	par
아기	spedbarn	자매	søster
아이	barn	형제	bror
어른	voksen	할머니 /외할머니	farmor/mormor

미스	fröken	할아버지 /외할아버지	farfar/morfar
미스터	herr	손자	barnebarn
동료	kollega	사촌	fetter
가족	familie	친척	slektning
부모	forelder	연인	kjæreste
아버지	far	삼촌	onkel
어머니	mor	고모, 이모	tante

04 사과

미안합니다.

Beklager!

04 사 과

미안합니다.
Beklager!
베크라거

죄송합니다.
Jeg beklager.
야이 베크라거

정말 죄송합니다.
Jeg er veldig lei meg.
야이 에 발딧 라이 마이

미안해요, 실례합니다.
Unnskyld meg!
운쉴 마이

괜찮아요.

Det går bra.

데 고 브라

제가 방해 했나요?

Plager jeg deg?

프라거 야이 다이

걱정 마세요.

Ikke bekymre deg!

이케 비쉼레 다이

별일 아니니 걱정 마세요.

Det gjør ikke noe.

뎃 요 이케 노어

신경 쓰지 마세요.

Bare glem det!

바라 글램 뎃

유감입니다.

Det var leit å høre.

덴 바 라이 오 회레

05 감사

고맙습니다.

Takk!

05 감 사

~를 축하합니다.

Til lykke med...

틸 뤼케 메

고마워요.

Takk!

탁

도와 주셔서 감사합니다.

Takk för hjelpen.

탁 포 얄팬

정말 고맙습니다.

Takk så mye!

탁 소 뮈에

정말 감사합니다.

Tusen takk!

투센 탁

너무 친절 하세요.

Det er snilt av deg.

뎃 에 스닐 압 다이

뭘요, 얼마든지.

Vær så god.

바 소 고

별것 아닙니다.

Ikke noe å takke for.

이케 노에 오 타케 포

천만에요.

Ingen årsak!

인엔 오삭

저도 좋았는걸요.

Bare hyggelig.

바레 휘겔리

06 부탁

저 좀 도와주실 수 있으세요?

Kan du hjelpe meg?

06 부 탁

저기요, 실례합니다만.

Unnskyld!

운쉴

저 좀 도와주실 수 있으세요?

Kan du hjelpe meg?

칸 두 얄파 마이

이것을 가져가도 되나요?

Kan jeg ta dette?

칸 야이 타 뎃테

(그럼요) 여기 있어요.

Vær så god.

바 소 고

뭐 좀 여쭤봐도 되나요?

Kan jeg spørre deg om noe?

칸 야이 스포레 다이 옴 노에

네, 물론이죠.

Ja visst!

야 비슷

제가 도와드릴게요.

La meg hjelpe deg.

라 마이 얄파 다이

네, 무엇을 도와드릴까요?

Ja, hvordan kan jeg hjelpe deg?

야 보단 칸 야이 얄파 다이

아니요, 죄송해요.

Nei, beklager.

나이 베크레거

아니요, 지금 시간이 없어요.
Nei, jeg har ikke tid nå.
나이 야이 하 이케 티드 노

잠시만요.
Vent litt, vær så snill.
벤트 릿 배 소 스닐

좋습니다.
Greit.
그라잇

아마도요.
Kanskje.
칸세

07 날짜·시간

오늘은 무슨 요일이죠?

Hvilken dag er det i dag?

07 날짜, 시간

오늘은 무슨 요일이죠?

Hvilken dag er det i dag?

빌켄 닥 에 뎃 이다

오늘은 화요일입니다.

I dag er det tirsdag.

이다 에 데 티스다

오늘은 며칠입니까?

Hvilken dato er det i dag?

빌켓 다토 에 데 이다

오늘은 3월 9일입니다.

I dag er den niende mars.

이다 에 덴 니온데 마쉬

지금은 몇 시입니까?
Hva er klokken?
바 에 클로칸

4시 5분입니다.
Klokka er fem over fire.
클로카 에 펨 오베 퓌라

4시 15분입니다.
Klokka er kvart over fire.
클로카 에 크봐 오베 퓌라

4시 30분입니다.
Klokka er halv fem.
클로카 에 할ㅂ 펨

4시 45분입니다.

Klokka er kvart på fem.

클로카 에 크봐 포 펨

4시 50분입니다.

Klokka er ti på fem.

클로카 에 티 포 펨

계절

봄	vår	가을	høst
여름	sommer	겨울	vinter

기수

1	en/ett	20	tjue/tyve
2	to	21	tjueen
3	tre	22	tjueto
4	fire		...
5	fem	10	ti
6	seks	20	tjue
7	sju/syv	30	tretti
8	åtte	40	førti
9	ni	50	femti
10	ti	60	seksti
11	elleve	70	sytti
12	tolv	80	åtti
13	tretten	90	nitti
14	fjorten	100	hundre
15	femten	1000	tusen
16	seksten		
17	sytten		
18	atten		
19	nitten		

서수

1	første	20	tyvende/tjuende
2	annen/annet/andre	21	enogtyvende/tjueførste
3	tredje		...
4	fjerde	10	tiende
5	femte	20	tyvende/tjuende
6	sjette	30	trettiende/tredevte
7	sjuende/syvende	40	førtiende
8	åttende	50	femtiende
9	niende	60	sekstinde
10	tiende	70	syttiende
11	ellevte	80	åttiende
12	tolvte	90	nittiende
13	trettende	100	hundred
14	fjortende	1000	tusende
15	femtende		
16	sekstende		
17	syttende		
18	attende		
19	nittende		

달

1 월	januar	7 월	juli
2 월	februar	8 월	august
3 월	mars	9 월	september
4 월	april	10 월	oktober
5 월	mai	11 월	november
6 월	juni	12 월	desember

요일

월요일	mandag	목요일	torsdag

화요일	tirsdag	금요일	fredag
수요일	onsdag	토요일	lørdag
		일요일	søndag

날, 시간 관련

그저께	I forgårs	날	dag
어제	I går	주	uke
오늘	I dag	달	måned
내일	I morgen	년	år
모레	I overmorgen	초	sekund
평일	ukedag	분	minutt
주말	helg	시간	tid

08 출신

한국에서 왔습니다.

Jeg kommer fra Korea.

08 출 신

어디 출신 이세요?

Hvor er du fra?

보 에 두 프라

어디서 오셨습니까?

Hvor kommer du fra?

보 콤머 두 프라

한국에서 왔습니다.

Jeg kommer fra Korea.

야이 콤머 프라 코레아

어떻게 여기에 오게 되셨나요?

Hva bringer deg hit?

바 브링어 다이 힛

저는 여기서 공부 / 일 해요.

Jeg studerer / jobber her.

야이 스튜디어러 요버 하

저는 한국사람입니다.

Jeg er koreansk.

야이 에 코레안스크

제 출신지는 부산입니다.

Jeg er opprinnelig fra Busan.

야이 에 우프링네리 프라 부산

어느 도시에서 사세요?

Hvilken by bor du i?

빌켄 뷔 보 두 이

서울에서 살아요.

Jeg bor i Seoul.

야이 보 이 서울

<주요 나라의 국명, 형용사(사람, 언어)형>

	나라	형용사
한국	Korea	koreansk
스웨덴	Sverige	svensk
핀란드	Finland	finsk
덴마크	Danmark	dansk
노르웨이	Norge	norsk
미국	USA	amerikansk
영국	England	engelsk
독일	Tyskland	tysk
프랑스	Frankrike	fransk
스페인	Spania	spansk
이탈리아	Italia	italiensk
일본	Japan	japansk
중국	Kina	kinesisk

09 언어

~은 영어로 뭐에요?

Hva heter ... på engelsk?

09 언 어

~어를 하시나요?

Snakker du...?

스나커 두

~어를 조금 합니다.

Jeg snakker litt...

야이 스나커 릿

~어를 못합니다.

Jeg snakker ikke....

야이 스나커 이케

~를 하시는 분 계시나요?

Er det noen som snakker ...

에 뎃 노엔 솜 스나커

~은 영어로 뭐에요?

Hva heter ... på engelsk?

바 헷테 포 엔겔스

그것은 노르웨이어로 뭐라고 말해요?

Hvordan sier du det på norsk?

보단 시에 두 데 포 노쉬

이것은 어떻게 발음해요?

Hvordan uttale det?

보단 우타레 뎃

이것은 무슨 뜻이죠?

Hva betyr det?

바 비튀어 데

제 말을 이해 하셨나요?

Forstår du meg?

포스토 두 마이

이해하지 못했어요. / 이해 합니다.

Jeg forstår ikke. /Jeg forstår det.

야이 포스토 이케　야이 포스토 데

천천히 말해 줄 수 있나요?

Kan du snakke litt langsommere?

칸 두 스나커 릿 랑솜메레

다시 말해 주실 수 있으세요?

Kan du si det igjen?

칸 두 시 데 이엔

써주실 수 있으세요?

Kan du skrive det ned for meg?

칸 두 스크리브 데 네 포 마이

철자를 알려주실 수 있으세요?

Kan du stave det for meg?

칸 두 스타브 데 포 마이

52

10 의견 묻기

뭐라고 생각하세요?

Hva tror du?

의 견

뭐라고 생각하세요?

Hva tror du?

바 트로 두

무슨 일이죠?

Hva foregår?

바 포레고

~라고 생각합니다.

Jeg tror ...

야이 트로

뭐가 좋으세요?

Hva foretrekker du?

바 포레트레커 두

그거 마음에 들어요.

Jeg liker det.

야이 리커 데

그거 마음에 안 들어요.

Jeg liker det ikke.

야이 리커 데 이케

~(하기)를 좋아합니다.

Jeg liker å...

야이 리커 오

~(하기)를 싫어합니다.

Jeg hater å...

야이 하터 오

기쁩니다.

Jeg er glad.

야이 에 글라ㄷ

기쁘지 않습니다.

Jeg er ikke glad.

야이 에 이케 글라ㄷ

~에 흥미가 있습니다.

Jeg er interessert i ...

야이 에 인터레셋 이

흥미 없습니다

Jeg er ikke interessert.

야이 에 이케 인터레셋

지루합니다.

Jeg kjeder meg.

야이 셰더 마이

상관 없어요.

Det gjør ikke noe.

데 요 이케 노에

아 그러세요?

Virkelig?

버크리

나쁘지 않네요.

Ikke dårlig!

이케 도리

이제 충분합니다. 질리네요.

Jeg har fått nok.

야이 하 폿 녹

좋아요.

Fint!

핀트

멋져요.

Herlig!

하릿

불쌍해라! 안타깝네요.

Det var synd!

데 바 쉰

11 전화

누구시죠?

Hvem ringer, takk?

11 전 화

~이신가요?

Er det...?

에 데

~입니다.

Det er...

뎃 에

~랑 통화할 수 있나요?

Kan jeg snakke med...?

칸 야이 스네케 메

~랑 통화하고 싶습니다.

Jeg vil snakke med...

야이 빌 스네케 메

~로 연결해 주시겠습니까?

Kan du koble meg til...?

칸 두 코브레 마이 틸

누구시죠?

Hvem ringer, takk?

뱀 링어 탁

당신 전화 입니다.

Du har en samtale.

두 하 엔 삼타레

잘못된 번호로 거셨습니다.

Du har feil nummer.

두 하 팔 누머

통화중 입니다.

Linjen er opptatt.

린엔 에 웁탓

그는 지금 자리에 없습니다.

Han er ikke her nå.

한 에 이케 하 노

그에게 제가 전화했다고 전해 주시겠습니까?

Kan du fortelle ham at jeg ringte?

칸 두 포테레 함 에 야이 링테

그녀에게 다시 전화해 달라고 말씀해 주시겠습니까?

Kan du be henne ringe meg tilbake?

칸 두 비 헨네 링에 마이 틸바케

나중에 전화하겠습니다.

Jeg ringer igjen senere.

야이 링에 이엔 세나레

메시지를 남길 수 있을까요?

Kan jeg legge igjen en beskjed?

칸 야이 레게 이엔 엔 베셰에

전화번호가 어떻게 되세요?

Hva er telefonnummeret ditt?

바 에 텔레포누머 딧

제 전화번호는~입니다.

Mitt nummer er ...

밋 누머 에

한 번 더 말해 주실래요?

Kan du gjenta det?

칸 두 엔타 데

전자 기기, 전화 관련

컴퓨터	datamaskin	전기	elektrisitet
랩탑	bærbar PC	전화	telefon
인터넷	Internett	핸드폰/ 스마트폰	mobil / smarttelefon
이메일	e-post	심카드	SIM-kort
메일 주소	e-post adresse	문자 메시 지	tekstmelding
웹 사이트	nettsted	콘센트 소켓	stikkontakt
프린터	printer	충전기	lader
카메라	kamera	라디오	radio
메모리카드	minnekort	이어폰	hodetelefoner
배터리	batteri		

12 환전·우편

환율이 어떻게 되죠?

Hva er valutakursen?

우편, 환전

ATM기는 어디에 있나요?

Hvor er minibankene?

보 에 미니반케네

돈을 환전하고 싶습니다.

Jeg vil gjerne veksle litt penger.

야이 빌 예네 벡스레 릿 펭어

노르웨이 크로네와 달러와의 환율이 어떻게 되죠?

Hva er valutakursen mellom dollar og norske kroner?

바 에 바루타쿠르센 멜론 돌라 오 노쉬케 크로네

수수료가 얼마입니까?

Hva er gebyret?

바 에 게뷔렛

어디에 사인을 해야 하나요?

Hvor må jeg signere?

보 마 야이 시그네레

이 문서를 작성해 주세요.

Kan du fylle inn dette skjemaet, takk?

칸 두 퓔레 인 데테 쉬에매 탁

이 소포를 항공 우편으로 보내고 싶습니다.

Jeg vil sende denne pakken med luftpost.

야이 빌 센데 덴네 파켄 메 루프트포스트

이 편지를 한국으로 보내고 싶습니다.

Jeg vil sende dette brevet til Korea.

야이 빌 센데 데테 브레벳 틸 코레아

한국으로 소포 보내는데 얼마인가요?

Hvor mye koster det å sende en pakke til Korea?

후어 뮈에 코스타 데 오 센데 엔 파케 틸 코레아

우표 ~개 주세요.

Jeg vil ha ... frimerker.

야이 빌 하 프리머커

여기 우표는 충분한가요?

Er det nok frimerker her?

에 데 녹 프리머커 하

금융

은행	bank	현금	kontanter
ATM	minibank	동전	mynter
계좌	konto	여행자 수표	reisesjekker
비밀 번호	passord	예금	innskudd
달러	dollar	이율	rentesats
유로	euro	카드	kredittkort
크로나	krone	환율	valutakursen
돈	penger	환전	valutaveksling

우편

국내우편	innenriks post	우편 번호	postnummer
국제우편	Internasjonal post	우편 요금	porto
항공우편	luftpost	우편함	postboks
수신인	mottaker	우표	frimerke
발신인	avsender	주소	adresse
소포	pakke	엽서	postkort
우체국	postkontor		

13 날씨

오늘 날씨 어때요?

Hvordan er været i dag?

13 날 씨

오늘 날씨 어때요?

Hvordan er været i dag?

보단 에 베렛 이 다

오늘 몇 도 정도 될까요?

Hvor mange grader er det i dag?

보 망에 그래더 에 데 이 다

좋은 날씨입니다.

Det er bra / fint vær.

데 에 브라 핀ㅌ 배

오늘 추워요.

Det er kaldt i dag.

데 에 칼ㅌ 이다

오늘 시원해요.

Det er kult i dag.

데 에 쿨 이다

오늘 따뜻해요.

Det er varmt i dag.

데 에 밤 이다

오늘 더워요.

Det er stekende varmt i dag.

데 에 스테켄데 밤 이다

습한 / 건조한 날씨입니다.

Det er fuktig / tørr.

데 에 푸크팃 퇴르

날씨가 안 좋아 질까요?

Blir været dårlig?

블리 베렛 도릿

날씨가 죽 이럴까요?

Fortsetter det slik?

포트세터 데 스릭

비가 올까요?

Kommer det til å regne?

콤머 데 티 오 레이네

비가 오고 있습니다.

Det regner.

데 레이너

눈이 내리고 있습니다.

Det snør.

데 스뇌

폭풍우가 몰아치고 있습니다.

Det er stormfullt.

데 에 스톰풀트

해가 납니다.

Det er sol.

데 에 솔

날씨가 흐립니다.

Det er overskyet.

데 에 오베쉬엣

안개가 꼈습니다.

Det er tåkete.

데 에 토케테

바람이 붑니다.

Det er vind.

데 에 빈드

얼어서 미끄러워요.

Det er glatt.

데 에 그랏

날씨

구름	sky	안개	tåke
해	sol	기온	temperaturen
기후	klima	온도	grad
날씨	vær	습도	fuktighet
뇌우	tordenvær	일기 예보	værmelding
눈	snø	진눈깨비	sludd
눈보라	snøstorm	천둥	torden
무지개	rainbow	번개	lyn
바람	vind	폭풍	storm
비	regn	허리케인	orkan
서리	frost	홍수	flom

14 교통

~는 어떻게 가죠?

Hvordan kommer jeg til ...?

교 통

~가 어디에 있는지 아시나요?

Vet du hvor ... er?

벳 두 보 에

길을 잃었어요.

Jeg er fortapt.

야이 에 포탑

주변에 ~가 어디 있나요?

Hvor er den nærmeste... ?

보 에 덴 내메스테

어떻게 ~에 가나요?

Hvordan kommer jeg til ...?

보단 콤머 야이 틸

거기는 걸어서 어떻게 가죠?

Hvordan kan jeg komme dit til fots?

보단 칸 야이 코메 딧 틸 폿

걸을 만한가요?

Er det gangavstand?

에 데 강가브스톤

다음 트램 정류장까지 얼마나 멀죠?

Hvor langt er det til neste trikkeholdeplass?

보 롱 에 뎃 틸 내스테 트리케홀드플라스

다음 버스는 몇 시에 출발해요?

Når går neste buss?

노 고 내스태 부스

이 버스는 어디로 가죠?

Hvor går denne bussen?

보 고 덴네 부센

언제 ~에 도착하나요?

Når kommer vi til ...?

노 콤머 비 틸

다음 정류장은 어디인가요?

Hvor er neste stopp?

보 에 내스테 스톱

이 버스 / 기차 ~에 멈추나요?

Stopper denne bussen ved / dette toget i ... ?

스토퍼 덴네 부센 베 데테 토겟 이

어디서 내려야해요?

Hvor skal jeg gå av?

보 스카 야 고 압

갈아타야 하나요?

Må jeg bytte?

모 야이 뷔테

어디서 내려야하는지 알려주실 수 있으세요?

Kan du fortelle meg hvor jeg skal gå av?

칸 두 포테레 마이 보 야이 스카 고 압

어디서 표를 살 수 있나요?

Hvor kan jeg kjøpe billett?

보 칸 야이 쇼페 빌렛

편도 / 왕복 표 얼마에요?

Hvor mye koster en enkeltbillett / returbillett?

보 뮈에 코스타 엔 엔켈빌옛　리투빌옛

자리를 예매해야 하나요?

Må jeg bestille plass?

모 야이 베스티레 플라스

시간표 있으세요?

Kan jeg få en rutetabell?

칸 야이 포 엔 루테타벨

택시 좀 불러주세요.

Kan du ringe etter en drosje?

칸 두 링아 에테 엔 드로세

~까지 가는데 얼마입니까?

Hvor mye ville det koste til...?

보 뮈에 빌레 데 코스타 틸

이 주소로 부탁 드립니다.

Ta meg med til denne adressen.

타 마이 메 틸 덴네 아드레센

가는데 얼마나 시간이 걸립니까?

Hvor lang tid vil turen ta?

보 랑 티드 빌 투렌 타

서둘러 주세요.

Skynd deg, vær så snill.

쉰 다이 배 소 스닐

교통

교통	trafikk	안전 벨트	sikkerhetsbelte
교통 신호	trafikklys	자동차	bil
횡단 보도	fotgjengerovergang	자전거	sykkel
다리	bro	정류장	stasjon
도로	vei	지하철	T-banen
택시	drosje	기차	tog
트램	trikk	철도	jernbane
버스	buss	기차역	togstasjon
버스 정류장	bussholdeplass	시간표	rutetabell
보도	fortauet	왕복표	returbillett

버스 운전사	bussjåfør	편도표	enkeltbillett
승객	passasjer		

방위

동쪽	øst	남쪽	sør
서쪽	vest	북쪽	nord

15 관광

~는 어디죠?

Hvor er... ?

15 관광

인포메이션 센터는 어디죠?

Hvor er turistkontoret?

보 에 투리스트콘토렛

가볼 만한 곳이 어디인가요?

Er det noen gode steder å besøke?

에 뎃 노엔 고데 스테도 오 베소케

시내 지도를 얻을 수 있을까요?

Har du et bykart?

하 두 엣 뷔카트

지도에 표시해 줄 수 있으세요?

Kan du merke det på kartet?

칸 두 머케 데 포 카텟

저희 사진 좀 찍어 주시겠어요?

Kan du ta et bilde av oss?

칸 두 타 엔 빌드 압 오스

사진 찍어도 되나요?

Kan jeg ta et bilde?

칸 야이 타 엣 빌드

~는 언제 열어요 / 닫아요?

Når er.... åpen / ... stengt?

노 에   오픈   스탱

그룹 할인이 있나요?

Finnes det grupperabatt?

핀네스 뎃 그루퍼라밧

학생 할인이 있나요?

Finnes det studentrabatt?

핀네스 뎃 스투덴라밧

어디서 ~를 할 수 있나요?

Hvor kan jeg gjøre ...?

보 칸 야이 요라

주변에 ~가 있나요?

Er det ... i nærheten?

에 뎃 이 내헤텐

가이드 투어가 있나요?

Er det guidede turer?

에 뎃 가이데드 투레

얼마나 걸려요?

Hvor lang tid tar det?

보 랑 티드 타 뎃

자유 시간 얼마나 있어요?

Hvor mye fritid har vi?

보 뮈에 프리티드 하 비

장소

교회	kirke	서점	bokhandel
PC방	Internettkafé	성	slott
경찰서	politistasjon	성당	katedral
공원	park	소방서	brannstasjon
궁전	palass	수영장	svømmebasseng
극장	teater	슈퍼마켓	supermarked
나이트 클럽	nattklubb	시청	rådhus
대학	universitet	신발가게	skobutikk
도서관	bibliotek	약국	apotek
동물원	dyrehage	영화관	kino

레스토랑	restaurant	옷가게	klesbutikk
미용실	skjønnhetssalong	유원지	fornøyelsespark
바	bar	은행	bank
박물관	museum	정육점	slaktere
백화점	varehus	키오스크	kiosk
병원	sykehus	학교	skole
빵집	bakeri	항구	havn

관광

가이드북	guidebok	여행	reise
관광	sightseeing	예약	bestilling
관광 안내소	turistkontor	일정표	reiserute
관광객	turist	입장권	billett
기념품점	gavebutikk	입장료	pris
매표소	billettkontor	자유 시간	fritid
분실물 사무소	mistet og funnet	지도	kart
사진	bilde	차례, 줄	kø

신혼 여행	bryllupsreise	출장	forretningsreise
안내 책자	brosjyre		

16 공항

어디서 가방을 찾나요?

Hvor kan jeg hente bagasjen min?

16   공 항

16 - 1. 출국 시

어디로 가십니까?

Hvor skal du fly?

보 스카 두 프뤼

여권 보여주세요.

Kan jeg se passet ditt?

칸 야이 세 파셋 딧

예약을 확인/ 취소/ 변경하고 싶어요.

Jeg vil bekrefte / avbestille / endre min reservasjon.

야이 빌 베크래프트 압베스틸레 앤드레 민 레서바숀

인터넷으로 예약했어요.

Jeg har bestilt på Internett.

야이 하 베스틸 포 인터넷

창가 / 복도 쪽 좌석 주세요.

Jeg vil ha et vindussete / midtgangssete.

야이 빌 하 엣 빈두세테 민트강세테

수화물 몇 개까지 허용됩니까?

Hvor mange bagasje kan jeg sjekke inn?

보 몽야 바가세 칸 야 쉐케 인

몇 번 게이트 인가요?

Hvilken gate skal jeg til?

빌켄 게트 스카 야이 티

몇 시까지 체크인 해야 하나요?

Når skal jeg sjekke inn?

노 스카 야이 쉐케 인

출발이 지연되었습니다.

Flyet har blitt forsinket.

플뤼 하 브릿 포신켓

비행기가 취소되었습니다.

Flyet har blitt innstilt.

플뤼 하 브릿 인스틸

안전벨트를 착용해 주십시오.

Vennligst fest sikkerhetsbeltet.

벤니리스트 페스트 시커헷스벨텟

자리로 돌아가 주세요.

Gå tilbake til setet ditt.

고 틸바케 틸 세텟 딧

마실 것 좀 주세요.

Jeg vil ha noe å drikke.

야이 빌 하 노에 오 드리케

이 자리 사람 있나요?

Er dette setet opptatt?

에 데테 세텟 옵탓

휴대전화를 꺼주세요.

Slå av mobiltelefonen.

스로 압 모빌텔레폰

담요 좀 주세요.

Kan jeg få et teppe?

칸 야이 포 엣 테페

16- 2. 입국 시

여행 목적은 무엇입니까?

Hva er hensikten med besøket?

바 에 헨식텐 메 베소켓

출장 중입니다.

Jeg er på forretningsreise.

야이 에 포 포레트닝스라이세

여기 휴가로 왔어요.

Jeg er på ferie.

야이 에 포 페리에

단체 여행으로 왔습니다.

Jeg er her med en turistgruppe.

야이 에 하 메 엔 투리스트그룹페

가족을 만나러 왔습니다.

Jeg besøker slektninger.

야이 베소카 스랫팅아

어디에서 지내실 겁니까?

Hvor skal du bo?

바 스카 두 보

98

얼마 동안 머물 예정입니까?

Hvor lenge blir du?

보 랭 브리 두

며칠간 만요.

Et par dager.

엣 파 다가

~주 동안 있을 겁니다.

Jeg vil være her i ... uker.

야이 빌 바 하 이   우커

신고 할 것 있으십니까?

Har du noe å erklære?

하 두 노에 오 에크레러

신고 할 것 없습니다.

Jeg har ingenting å erklære.

야이 하 인겐팅 오 에크레러

어디서 가방을 찾나요?

Hvor kan jeg hente bagasjen min?

보 칸 야이 헨테 바게쉬 민

제 가방이 도착하지 않았습니다.

Bagasjen min har forsvunnet.

바게쉬 민 하 푀스뷘닛

가방을 열어 보세요.

Kan du åpne vesken din, takk?

칸 두 옵네 베스켄 딘 탁

시내에 가라면 어떻게 해야하나요?

Hvordan kan jeg komme til sentrum fra flyplassen?

보단 칸 야 코메 티 센트룸 프라 플뤼프라센

공항까지 가는 버스/ 기차가 있나요?

Er det en buss / et tog som går til flyplassen?

에 뎃 에 부스 에 톡 솜 고 틸 플뤼플라센

공항에서 출발하는 버스/ 기차가 있나요?

Er det en buss /et tog som går fra flyplassen?

에 뎃 에 부스 에 톡 솜 고 프라 플뤼플라센

공항

공항	flyplass	세관	toll
국내선	innenlands flygning	세금	skatt
국적	nasjonalitet	스탑 오버	stoppested
국제선	internasjonal flyging	여권	pass
기내 수하물	håndbagasje	외국	fremmed land
면세점	tollfri butikk	위탁 수하물	innsjekket bagasje
비행기	fly	항공사	flyselskap
비행기 표	flybillett	항공편	flygning
사증, 비자	visum	항공편 번호	flightnummer

17 쇼핑

이것은 얼마인가요?

Hvor mye er denne?

쇼 핑

어디에서 ~를 살 수 있죠?

Hvor kan jeg kjøpe...?

보 칸 야이 쇼페

이 가게는 언제 열어요?

Når holder du åpent?

노 홀더 두 오픈

무엇을 도와드릴까요?

Hvordan kan jeg hjelpe deg?

보단 칸 야이 얄파 다이

괜찮아요, 그냥 보는 것뿐입니다.

Nei takk, jeg bare titter.

나이 탁 야이 바레 티터

~를 찾고 있어요.

Jeg ser etter...

야이 세 에테

~를 파나요?

Selger du...?

셀거 두

입어 봐도 되나요?

Kan jeg prøve denne?

칸 야이 프로베 덴나

큰 / 작은 사이즈는 없나요?

Har du større / mindre størrelse?

하 두 스토레 민드레 스토렐세

싼 것은 없나요?

Er det noe billigere?

에 뎃 노에 비리게레

이것은 얼마인가요?

Hvor mye er denne?

보 뮈에 에 덴네

또 필요한 것은 없으세요?

Trenger du noe mer?

트레거 두 노에 메

네 다른 것은 필요 없어요.

Nei takk. Ingenting annet.

나이 탁 인겐팅 안

모두 얼마입니까?

Hvor mye totalt?

보 뮈에 토탈

싸네요. / 비싸네요.

Det er billig / dyrt.

뎃에 비리   뒷

깎아 주실 수 있으세요?

Kan du senke prisen?

칸 두 셍케 프리센

신용카드로 계산 되나요?

Tar du kredittkort?

타 니 크레딧코룻

영수증 주세요.

Kan jeg få en kvittering?

칸 야이 포 에 크뷔터링

봉지 좀 주세요.

Kan jeg få en plastpose?

칸 야이 포 엔 프라스포세

이것은 망가졌어요.

Dette er ødelagt.

데테 에 외데랏

이것은 때가 탔어요.

Dette er bortskjemt.

데타 에 보쉼트

이 상품을 바꾸고 싶습니다.

Jeg ønsker å bytte denne.

야이 왼스케 오 뷔테 덴네

쇼핑

거스름돈	veksel	영수증	kvittering
캐시어	betjening	영업 시간	åpningstid
비용	koste	입구	inngang
사이즈	størrelse	점원	ekspeditør
상점	butikk	출구	utgang
선물	gave	패션	mote
세일	salg	품절	utsolgt
손님	kunde	품질	kvalitet
쇼윈도우	butikkvindu	피팅 룸	prøverom
쇼핑 거리	handlegate	환불	tilbakebetaling

쇼핑 센터 kjøpesenter

옷

넥타이	slips	스카프, 숄	skjerf
모자	hatt	스커트	skjørt
바지	bukser	스타킹	strømper
벨트	belte	신발	sko
블라우스	bluse	양말	sokker
우비	regnjakke	장갑	hansker
셔츠	skjorte	재킷	jakke
속옷	undertøy	청바지	jeans
손수건	lommetørkle	코트	frakk

수영복	badedrakt	가디건	kardigan

미용, 치장

핸드백	håndveske	손목시계	armbåndsur
귀걸이	ørepynt	아이라이너	eyeliner
지갑	lommebok	선 블록	solkrem
동전 지갑	pengepung	향수	parfyme
립스틱	leppestift	데오드란트	deodorant
빗	kam	아이섀도	øyenskygge
선글라스	solbriller	화장	sminke
마사지	massasje	안경	briller
매니큐어 액	neglelakk	팔찌	armbånd

반사체, 리플렉터	reflektor	목걸이	halskjede

색

빨강색	rød, rødt, røde
분홍색	rosa
주황색	oransje
노란색	gul, gult, gule
녹색	grønn, grønt, grønne
파랑색	blå, blått, blå
보라색	lilla
갈색	brun, brunt, brune
회색	grå, grått, grå
검은색	svart, svart, svarte
흰색	hvit, hvitt, hvite

18 숙박

얼마 동안 머물 예정이십니까?

Hvor lenge blir du?

숙 박

빈방 있습니까?

Har du ledige rom?

하 두 레디에 룸

싱글 / 더블룸 있나요?

Har du et enkeltrom / dobbeltrom?

하 두 엣 엔켈룸   두벨룸

1박 / 3박 묵겠습니다.

Jeg blir en natt / tre netter.

야이 브리 엔 낫 트레 네터

~란 이름으로 예약했습니다.

Jeg har booket et rom i navnet til...

야이 하 보켓 에 룸 이 나브네 틸

하룻밤에 얼마에요?

Hva er prisen per natt?

바 에 프리센 퍼 낫

아침 포함된 가격인가요?

Inkluderer prisen frokost?

인크루데레 프리센 프로코슷

몇 시에 아침인가요?

Når er frokosten?

노 에 프로코스텐

화장실 딸린 방으로 주세요.

Jeg vil ha et rom med bad.

야이 빌 하 에 룸 메 바드

얼마 동안 머물 예정이십니까?

Hvor lenge blir du?

보 랭에 브리 두

미리 지불하셔야 합니다.

Du må betale på forhånd.

두 모 베타레 포 푀한드

어디서 인터넷을 쓸 수 있죠?

Hvor kan jeg bruke Internett?

보 칸 야이 브루케 인터넷

무료 와이파이가 있나요?

Er det en gratis wifi?

에 데 엔 그라티스 와이파이

와이파이 비밀 번호가 무엇인가요?

Hva er wifi-passordet?

바 에 와이파이 파소뎃

제방 열쇠를 주세요. 방 번호는~입니다.

Kan du gi meg romnøkkelen min? Romnummer er....

칸 두 기 마이 룸뇌케렌 민   룸루메 에

~시에 깨워줄 수 있으세요?

Kan du vekke meg på...?

칸 두 베케 마이 포

방에 소음이 심해요.

Rommet er for bråkete.

룸멧 에 푀 브로케테

화장실이 막혔어요.

Toalettet er tett.

토아레텟 에 텟

히터가 고장 났어요.

Varmeovnen fungerer ikke.

바메오브넨 풍게레 이케

방에 열쇠를 두고 나왔어요.

Jeg forlot nøkkelen min i rommet.

야이 포롯 뇌케렌 민 이 룸멧

방이 치워지지 않았어요.

Rommet har ikke blitt renset.

룸멧 하 이케 브리 렌셋

전기가 안 들어와요.

Vi har ikke strøm.

비 하 이케 스트룀

불이 나갔어요.

Lysene er slukket.

뤼센 에 스루켓

TV가 고장 났어요.

TV virker ikke.

테베 버케 이케

이불 하나만 더 주세요.

Kan du gi meg et ekstra pledd?

칸 두 기 마이 에 엑스트라 프레드

짐 좀 맡아 주시겠어요?

Kan du beholde bagasjen min etter kassen?

칸 두 비홀데 베게신 민 에터 카센

체크아웃 하고자 합니다.

Jeg vil gjerne sjekke ut.

야이 빌 야네 쉐케 웃

숙박, 건물 관련

건물	bygning	집	hus
게스트 하우스	gjestehus	체크아웃	utsjekk
더블룸	dobbeltrom	체크인	innsjekk
룸 서비스	rom service	층	gulv

방	rom	포터	pikkolo
싱글룸	enkeltrom	프론트	resepsjon
아파트	leilighet	호스텔	vandrerhjem
엘리베이터	heis	호텔	hotell

방 안, 사물 관련

거실	stue	열쇠	nøkkel
거울	speil	오븐	stekeovn
냉장고	kjøleskap	욕실	baderom
드라이어	hårføner	욕조	badekar
램프	lampe	의자	stol
문	dør	이불	dyne
발코니	balkong	장롱	garderobe

베개	pute	창	vindu
부엌	kjøkken	치약	tannkrem
비누	såpe	침대	seng
사우나	badstue	침실	soverom
샤워기	dusj	칫솔	tannbørste
샴푸	sjampo	커튼	gardiner
세탁기	vaskemaskin	테이블	bord
소파	sofa	텔레비전	fjernsyn
수건	håndkle	화장실	toalett

종이, 문구

가위	saks	잡지	journal
볼펜	kulepenn	접착제	lim
봉투	konvolutt	지우개	viskelær
사전	ordbok	종이	papir
테이프	tape	책	bok
신문	avis	연필	blyant
펜	penn		

19 식당

무엇을 추천하시나요?

Hva anbefaler du?

19 식 당

자리를 예약하고 싶습니다.

Jeg ønsker å bestille et bord, takk.

야이 온스커 오 베스틸레 에 보드 탁

몇 분이시죠?

For hvor mange mennesker?

포 보 망에 멘네스케

2명 자리 부탁해요.

Et bord for to, takk.

엣 보드 포 토 탁

자리 있나요?

Har du noen ledige bord?

하 두 노엔 레디게 보드

좀 기다려 주시겠습니까?

Kunne du vente et øyeblikk?

쿤네 두 벤테 에 외에브릭

얼마나 기다려야 하나요?

Hvor lenge må jeg vente?

보 랑에 모 야이 벤테

여기 앉아도 되나요?

Kan jeg sitte her?

칸 야이 시테 하

배가 고픕니다.

Jeg er sulten.

야이 에 술텐

목이 마릅니다.

Jeg er tørst.

야이 에 퇴스트

메뉴 좀 주세요.

Kan jeg se menyen?

칸 야이 세 메뉜

이 음식은 무엇인가요?

Hva slags mat er dette?

바 스라 맛 에 데테

주문하시겠습니까?

Er du klar for å bestille?

에 두 크라 포 오 베스틸레

아직 결정을 못 했어요.

Jeg har ikke bestemt meg ennå.

야이 하 이케 베스템 마이 엔노

무엇을 추천 하시나요?

Hva anbefaler du?

바 안베파레 두

이 음식에서 ~를 빼 주실 수 있으세요?

Kan jeg få dette uten ...?

캰 야이 포 데타 우탄

돼지 고기를 못 먹어요.

Jeg kan ikke spise svinekjøtt.

야이 칸 이케 스피세 스빈네숏

이것은 제가 시킨 것이 아니에요.

Dette er ikke hva jeg bestilte.

데타 에 이케 바 야이 베스텔테

맛있게 드세요.

Nyt måltidet ditt!

뉫 몰티뎃 잇

이거 맛있네요.

Dette smaker godt.

데테 스마커 곳

계산서를 주세요.

Regningen, takk.

라이닝엔 탁

식당

계산서	regning	에피타이저	forrett
나이프	kniv	오믈렛	omelett
냅킨	serviett	와인	vin
레모네이드	limonade	요구르트	yoghurt
맥주	øl	우유	melk
메뉴	meny	웨이터	servitør
메인 코스	hovedrett	으깬감자	potetmos
물	vann	잼	syltetøy
바비큐	grill	주스	juice
버터	smør	차	te
빵	brød	초콜릿	sjokolade

샐러드	salat	커피	kaffe
설탕	sukker	컵	kopp
소금	salt	케이크	kake
소스	saus	팬케이크	pannekake
수프	suppe	포크	gaffel
스테이크	biff	피자	pizza
스푼	skje	후식	dessert
아이스크림	iskrem	후추	pepper

식품

게	krabbe	송어	ørret
감자	potet	수박	vannmelon
고기	kjøtt	순록고기	reinsdyrkjøtt
과일	frukt	쌀	ris
달걀	egg	양고기	lam
닭고기	kyllingkjøtt	양배추	kål
당근	gulrot	양상추	salat
대구	torsk	양파	løk
돼지고기	svinekjøtt	연어	laks
딸기	jordbær	오렌지	appelsin
레몬	sitron	오리고기	andekjøtt

마늘	hvitløk	오이	agurk
멜론	melon	올리브	oliven
바나나	banan	완두콩	ert
배	pære	참치	tunfisk
버섯	sopp	채소	grønnsaker
복숭아	fersken	청어	sild
블루 베리	blåbær	치즈	ost
사과	eple	콩	bønne
새우	reke	토마토	tomat
생선	fisk	파인애플	ananas
소고기	storfekjøtt	포도	drue
소세지	pølse	햄	skinke

20 병원

상태가 어떠세요?

Hva er symptomene dine?

20 병 원

상태가 어떠세요?

Hva er symptomene dine?

바 에 쉼토메네 디네

아파요.

Det gjør vondt.

데 요 본트

다쳤어요.

Jeg er såret.

야이 에 소렛

몸이 안 좋아요.

Jeg føler meg syk.

야이 푀레 마이 쉭

기분이 좋지 않습니다.

Jeg føler meg ikke bra.

야이 푀레 마이 이케 브라

독감에 걸렸어요.

Jeg har influensa.

야이 하 인프루엔사

피곤해요.

Jeg er trøtt.

야이 에 트롯

~에 알러지가 있어요.

Jeg er allergisk mot...

야이 에 알레기슥 못

~가 아파요.

Jeg har vondt i ...

야이 하 본트 이

감기/ 콧물/ 열/ 오한이 있어요.

Jeg har hoste / rennende nese / feber / frysninger.

야이 하 호스테 렌넨데 네세 페버 프뤼스닌어

설사해요.

Jeg har diaré.

야이 하 디아레

두통/ 복통/ 치통이 있어요.

Jeg har hodepine / magesmerter / tannpine.

야이 하 호데피네 마게스메터 탄피네

목이 부었어요.

Jeg har en sår hals.

야이 하 엔 소 할스

어지러워요.

Jeg føler meg svimmel.

야이 푈러 마이 스빔멜

136

코가 막혔어요.

Jeg har en tett nese.

야이 하 엔 텟 네세

앰뷸런스를 불러주세요!

Ring en ambulanse!

링 엔 엠부란세

신체

가슴	bryst	손	hånd
귀	øre	손가락	finger
눈	øye	손목	håndledd
다리	legg	신체	kropp

137

등	rygg	어깨	skulder
머리	hode	얼굴	ansikt
머리카락	hår	이마	panne
목	hals, nakke	입	munn
무릎	kne	치아	tenner
발	fot	코	nese
발가락	tær	턱	hake
발목	ankel	팔	arm
배	mage	팔꿈치	albue
배꼽	navle	피부	hud
뺨	kinn	허벅지	lår

21 긴급

도와줘요!

Hjelp!

21 긴 급

도와줘요!

Hjelp!

야프

조심해!

Forsiktig!

포식틱

불이야!

Brann!

브란

멈춰요!

Stopp!

스톱

빨리요!

Fort!

폿

경찰!

Politiet!

포리티엣

~을 놓고 왔어요.

Jeg glemte ...

야이 그램테

~을 잃어버렸어요.

Jeg har mistet min ...

야이 하 미스텟 민

제 ~을 찾았나요?

Fant du min ...?

판트 두 민

제 ~가 도둑 맞았어요.

...min har blitt stjålet.

민 하 블릿 스투요렛

경찰을 불러요!

Ring politiet!

링 포리티엣

나는 무죄에요.

Jeg er uskyldig.

야이 에 우쉴디

변호사를 불러주세요.

Jeg vil ha advokat.

야이 빌 하 아드보캇

Appendix 발음

1. 알파벳

a (아)	i (이)	q (큐)	y (위)
b (베)	j (예)	r (아ㄹㄹ)	z (세트)
c (세)	k (코)	s (에스)	æ (에)
d (데)	l (엘)	t (테)	ø (외)
e (에)	m (엠)	u (유)	å (오)
f (에프)	n (엔)	v (베)	
g (게)	o (오)	w (두블르베아)	
h (호)	p (페)	x (엑스)	

2. 발음

1) 주의해야 할 모음 발음

노르웨이어의 모음은 a, e, i, o, u, y, æ, ø, å와 같다.

m이외의 단자음 앞의 단모음은 길게 발음하고 복자음 앞의 모음은 짧게 발음한다. 단, 단모음+단자음 조합일지라도, 전치사나 대명사의 경우는 짧게 발음해준다. 또한 모음으로 끝나는 단어도 길게 발음한다.

장모음: h<u>a</u>(하-) 가지다 / t<u>a</u>k(타-ㅋ) 지붕
단모음: r<u>e</u>tt (렛) 똑바로 / h<u>a</u>n(한) 그(대명사)

å: 입을 동그랗게 오므린 상태에서 '오' 발음.

æ: 한국어의 '아' 와 '애'의 중간발음이다. 힘을 빼고 e를 발음하는 혀의 위치에서 a를 발음할 때처럼 조금 더 입을 크게 벌려 발음한다.

ø: 한국어의 '외'와 비슷한 발음이지만 e의 혀 위치에서 o를 발음할 때처럼 입을 동그랗게 오므려 발음한다는 점에서 차이가 있다.

y: 한국어의 '위'와 '이'의 중간 발음. i의 혀 위치에서 u를 발음 하듯 입을 동그랗게 오므려 발음한다.

2) 주의해야 할 자음 발음

 d: 장모음으로 끝나는 경우 및 ld, nd로 단어가 끝나는 경우 대개 d를 발음하지 않는다.
　예) ka**ld**(칼) 추운, ru**nd**(룬) 둥근, vo**ld**(볼) 폭력

g: gi, gy, gei의 경우 j, 즉 '이' 발음이 된다. gj 및 -ig, -lig가 형용사의 접미사로 오는 경우에 g는 발음되지 않는다. ng 는 영어의 ing와 같은 '응' 발음이다. eg 는 '아이'로 발음된다.
　예) **gy**ldig(일디) 유효한, **gj**øre(요레) 하다, fatt**ig**(팟

티) 가난한, merkel**ig**(메켈리) 이상한, **j**eg(야이) 나

h: h 다음 v, j와 같은 자음이 오는 경우 h는 발음이
안 된다.

예) **hj**ul (율) 바퀴, **hv**em(벰) 누구, **hv**or(보어) 어디

k: ki, kj, ky 및 tj 는 'ㅎ'발음과 '쉬' 발음의 중간 느낌
으로 발음된다. 발음기호는 [ç]와 같다.

예) **ki**rke (쉬르케) 교회, **ki**no (히노) 영화관, **tj**ue(슈
에) 20

r: rd, rl, rt, rn의 경우 r 발음이 묵음 처리 된다.

예) fer**d**ig(페디) 끝난, bor**t**e(보테) 가버린, je**rn**(얀)
철

s: sj, sk, ski, sky, skøy, rs 는'쉬'로 발음된다.

예) **sk**jule (슐레) 숨기다, **sk**jema(쉬마) 용지, **sk**y(쉬)
구름

v: lv의 v는 발음하지 않는다. s, t 앞에서 v가 f처럼 발음된다. 참고로 같은 상황에서 b, d, g 또한 각기 p, t, k로 무성 발음되는 경향이 있다.

예) hal**v**(할) 반, elle**vt**e(엘레프테) 11